LE RÈGNE
DE LOUIS XVIII,

COMPARÉ

A LA DICTATURE DE NAPOLÉON,

Depuis le 20 Mars 1815,
Jusqu'au 31 Mai suivant.

Par M. E. de B***.

SECONDE ÉDITION

ENTIÈREMENT CONFORME A LA PREMIÈRE.

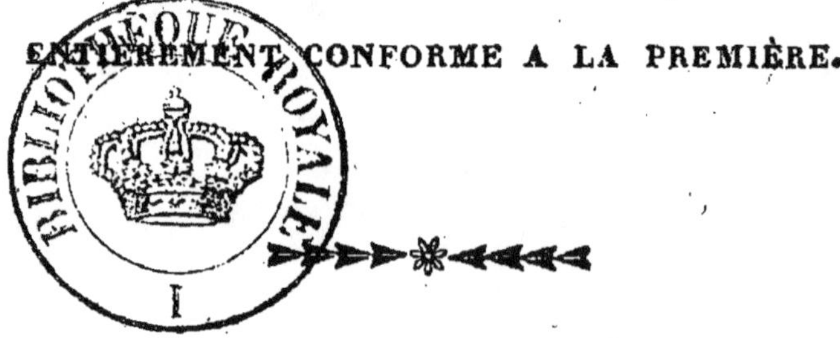

DE L'IMPRIMERIE DE C.-F. PATRIS.
A PARIS,

Chez ⎰ A. Opigez, l'aîné, Libraire, rue de Tournon,
      n° 16, près le Luxembourg.
      Dentu et Pelicier, au Palais-Royal.

Juin 1815.

AVIS DE L'AUTEUR.

JE déclare que je n'écris ni par esprit de parti ni par intérêt, mais pour rendre hommage à la vérité. Je n'ai point figuré dans la révolution. Libre par état, et indépendant par ma fortune, aucune autre passion que celle du bien de mon pays n'agit et ne peut avoir d'influence sur mon esprit et sur mon cœur.

Le lecteur devinera facilement les motifs qui m'ont fait garder l'anonyme.

Je mettrai sous les yeux du lecteur l'état du royaume, lorsque les Bourbons revinrent en France, et les résultats du règne de Louis XVIII.

Je développerai les intrigues et les calomnies qui ont précédé le retour de Napoléon, et j'apprécierai la valeur des reproches que l'on fait au Roi et à la famille royale.

J'examinerai ensuite les droits de Napoléon Bonaparte à la couronne de France. Je rappellerai ses promesses, et je citerai ses actions.

Enfin, je terminerai cet ouvrage par la comparaison succincte du règne de Louis XVIII avec la dictature, le gouvernement de Napoléon.

LE RÈGNE DE LOUIS XVIII,

COMPARÉ

A LA DICTATURE DE NAPOLÉON,

Depuis le 20 Mars 1815,
Jusqu'au 31 Mai suivant.

Lorsque Napoléon, après avoir abdiqué, vient se replacer sur le trône de la France ; lorsque son retour est la cause d'une coalition plus formidable qu'aucune de celles qui l'ont précédée ; lors enfin que la France est appelée par lui à soutenir sa nouvelle élévation : il peut et il doit être permis à tout Français de comparer le règne de Louis XVIII pendant onze mois, à la dictature de Napoléon depuis le 20 mars 1815 jusqu'au 31 mai suivant.

Quand Louis XVIII reparut en France, nous étions en guerre avec toute l'Europe ; 500,000 étrangers armés inondaient nos provinces et occupaient notre capitale. Les puissances étrangères avaient des vengeances à exercer; elles pouvaient, par représailles, accabler la France et démembrer ses provinces. Les débris de nos armées, séparés et dispersés, n'étaient point capables de lutter avec avantage contre 5oo,ooo soldats victorieux.

2oo,ooo prisonniers français étaient détenus et gémissaient sur les pontons d'Angleterre ou dans les déserts de la Sibérie. La France était épuisée d'hommes et d'argent. Les deux dernières campagnes avaient englouti 5oo,ooo Français et plus de 5oo millions; le crédit public était anéanti.

Le commerce d'exportation et même celui de l'intérieur étaient nuls; un grand nombre de manufactures fermées depuis six mois, et la classe ouvrière privée de travail et à la charge des autres classes de la société.

Enfin, les lois et les constitutions de l'empire n'étaient plus que de vains mots; les actes arbitraires et le despotisme le plus intolérable avaient remplacé les lois. Tel était l'état de la France lorsque Louis XVIII prit les rênes du gouvernement.

Bientôt, par les soins du Roi et à sa considération, la France eut la paix avec toute l'Europe. Les armées étrangères abandonnè-

rent le sol français, en oubliant leurs ressentiments et leurs projets de vengeance, et en
respectant même les trophées, témoins irré-
cusables de la gloire de nos armes.

Les 200,000 Français qui semblaient condamnés à périr dans l'esclavage, furent rendus
à la liberté, et revinrent dans leurs foyers.
Chaque famille sécha ses pleurs, en considé-
rant qu'à l'avenir elle ne perdrait plus ses enfants dans des guerres aussi injustes, qu'étrangères au bonheur et à la gloire de la France.

Le payement de la dette publique fut assuré
et le crédit rétabli (1).

Malgré la multitude des anciens cadres créés
par Bonaparte, l'armée fut refondue et réorganisée; et quoique le nombre des officiers
ne fût pas en proportion avec les besoins et
les revenus actuels de la France, la demi-solde
fut assurée à tous les officiers non employés,

---

(1) Lors de l'entrée des Alliés à Paris, les inscrip-
tions étaient tombées à 45 fr. ; au retour de Napoléon,
elles valaient 81 fr. 40 c. Elles sont aujourd'hui de
54 à 55; et les bons royaux, qui se négociaient à un
sixième ou même un huitième pour cent de perte par
an, perdent aujourd'hui de 14 à 16, c'est-à-dire, pour
les trois ans de 42 à 48 pour cent.

et peu de mois après cette détermination la solde entière leur fut allouée.

La politique commandait peut-être de ne se servir, dans le civil comme dans le militaire, que d'hommes bien dévoués au Roi ; mais Louis XVIII voulait oublier les erreurs, et ne se rappeler que les services rendus. Très-peu de changements eurent lieu dans les administrations civiles, et même les principaux chefs de l'armée furent chargés de sa réorganisation.

La décoration de la légion d'honneur fut conservée, et l'effigie d'Henri IV remplaça celle de Napoléon : double preuve de la modestie du Roi et de son estime pour l'armée.

Les militaires, distingués par leur mérite et leurs services, obtinrent la croix de Saint-Louis; soit qu'ils eussent suivi le roi dans le temps de ses malheurs, ou que, restés en France, ils eussent versé leur sang en combattant pour la patrie. Ainsi le roi honorait, comme rendus à lui-même, tous les services des officiers français.

L'agriculture et le commerce maritime retrouvèrent des débouchés ; le commerce de l'intérieur reprit de l'activité ; les manufactures se remplirent d'ouvriers qui, trouvant dans

leurs travaux, des moyens d'existence, ces-
sèrent d'être à la charge de leurs concitoyens.

La France désirait, depuis vingt-cinq ans,
un gouvernement paternel, et une constitution
qui garantît l'égalité des citoyens devant la loi.

Le premier acte de souveraineté de Louis XVIII
fut de rassembler auprès de lui des hommes
distingués par leur sagesse, leurs lumières, et
l'indépendance de leurs opinions, pour connaî-
tre le vœu et les besoins de la France, ainsi que
les garanties qui pouvaient assurer la liberté,
la tranquillité et le bonheur des Français.
Ces avantages furent réunis dans la charte que
Louis XVIII *crut devoir donner*, à la France,
comme une concession royale, qui engageait
à jamais ses successeurs. Il pensait qu'une charte
ainsi *octroyée* (à l'exemple des concessions
ou ordonnances de réformations faites par les
rois ses prédécesseurs), établissait les droits
des Français d'une manière plus irrévocable,
que si la Nation toute entière ou des représentants délégués par elle avaient fait cette charte.

En effet, l'on aurait pu penser que le roi
avait été contraint de l'accepter ; et dès-lors
ses successeurs pouvant la méconnaître, il en
serait résulté des troubles, et peut-être des dé-
chirements intérieurs. Les concessions royales

n'ont aucun de ces inconvénients, et elles sont irrévocables, parce qu'elles sont faites librement par les Princes.

Notre histoire justifie cette assertion. Dès l'origine de la Monarchie française, l'autorité toute entière résidait dans la personne du Roi. Néanmoins Louis le Gros, Saint Louis, Philippe le Bel, Louis XI, Henri II, Charles IX, Louis XIV et Louis XVI, n'ont point hésité à modifier l'exercice de la souveraineté, en suivant les progrès toujours croissants des lumières; et jamais les rois de France n'ont eu la pensée de revenir sur ces concessions royales.

Louis XVIII et ses ministres auront aussi pensé que la France ne pouvait voir un terme aux révolutions qui s'y succèdent depuis vingt-cinq ans, qu'autant qu'elle serait redevable de sa tranquillité, de son bonheur, et de la garantie de ses droits, au Roi que la naissance avait appelé à régner sur elle.

Cette opinion était dans l'intérêt général de la France. Je vais le démontrer en prouvant 1° *que la souveraineté du peuple n'est qu'un vain mot dans le sens qu'on lui attribue.*

2° *Qu'une charte qui aurait établi les conditions auxquelles le roi devait régner, eût*

consacré son élection ; et qu'alors la révolution française n'aurait pas été terminée.

*1° La souveraineté du peuple n'est qu'un vain
mot dans le sens qu'on lui attribue.*

Il est incontestable que le peuple fait la force
des empires, et que par une insurrection sou-
tenue, il peut faire descendre du trône les souverains les mieux affermis ; mais si l'on consulte
l'histoire de toutes les nations anciennes et mo-
dernes, et même celle de la France depuis
la révolution, on trouvera que dans les royau-
mes électifs, l'élévation au trône n'a point été
la libre expression de la volonté générale ; et
qu'au contraire l'intrigue, les cabales, et des
trafics honteux de grâces et d'honneurs ont
déterminé toutes ces élections. Ainsi donc la
souveraineté du peuple n'a pas existé dans le
sens qu'on lui attribue.

*2° Une charte qui aurait établi les conditions
auxquelles le roi devait régner, eût consacré son élection ; et alors la révolution française n'aurait pas été terminée.*

En effet, du système d'élection des rois,
dérive ce principe que les souverains ne sont

que des mandataires, auxquels la nation peut retirer ses pouvoirs ; et alors, comme il n'existe aucune autorité pour juger les différends des peuples et des rois, chaque citoyen se prétend juge de son souverain.....

L'on conçoit qu'un tel système doit causer des révolutions continuelles, et enfin, tôt ou tard, la chûte des gouvernements. Cette assertion se trouve justifiée par la chute de l'empire romain, et par le partage de la Pologne.

On ne peut au reste méconnaître les avantages du système d'hérédité sur celui d'élection, lorsque l'on compare les troubles qui ont agité l'Angleterre à la tranquillité dont la France a joui pendant 800 ans.

En Angleterre, où la loi salique n'a pas été la loi fondamentale de l'Etat, on a vu à peine trois générations de Princes de la même famille se succéder, sans troubles, sans guerre civile, ou sans révolution. En France, au contraire, où la loi salique a été observée, les guerres civiles à l'occasion de la succession au trône, n'ont éclaté que deux fois dans un espace de huit cents ans : la première, lorsque Isabeau de Bavière, femme de Charles VI, en mariant sa fille à Henri V, roi d'Angleterre, voulut priver de la couronne de France,

Charles VII, l'héritier légitime ; la seconde
fois , lorsque les Guises, couvrant leur ambi-
tion du voile de la religion , s'efforcèrent d'em-
pêcher Henri IV de monter sur le trône, où l'ap-
pelaient les droits de sa naissance.

Louis XVIII voulait donc terminer nos révolutions, et assurer à jamais le bonheur et la
tranquillité de la France, lorsqu'il lui *donna*
la charte constitutionnelle ; et tous les sophis-
mes que , dans cette circonstance , on s'est plu
à étaler, pour empoisonner les intentions du
Roi, s'évanouissent devant ces phrases remar-
quables de sa déclaration.

« Nous avons dû , à l'exemple de nos prédé-
» cesseurs, apprécier les effets des progrès
» toujours croissants des lumières, les rap-
» ports nouveaux que ces progrès ont intro-
» duits dans la société , la direction imprimée
» aux esprits depuis un demi-siècle, et les
» graves altérations qui en sont résultées. Nous
» avons reconnu que le vœu de nos sujets
» pour une charte constitutionnelle, était l'ex-
» pression d'un besoin réel ; mais en cédant à
» ce vœu, nous avons pris les précautions pour
» que cette charte fût digne de nous et du
» peuple auquel nous sommes fiers de com-
» mander. Des hommes sages, pris dans les

» premiers corps de l'Etat, se sont réunis à des
» commissaires de notre conseil, pour travail-
» ler à cet important ouvrage, etc. etc. ».

Toute cette déclaration est écrite dans le même esprit. C'est un père qui, pour assurer l'union de ses enfants, veut qu'ils tiennent de lui leur bonheur; et qui croit fermement que l'accord et les succès de tous, sont attachés à leur respect pour lui, et à la reconnaissance que mérite sa tendresse. Il ne peut donc exister de Français amis de l'ordre et de la tranquillité, qui fassent au roi le reproche d'a-voir *octroyé* la charte constitutionnelle.

A cet examen succinct du règne de Louis XVIII, faisons succéder le développement des intrigues et des calomnies, qui ont pré-cédé le retour de Napoléon ; et apprécions la valeur des reproches que l'on a faits au Roi et à la famille royale.

Ce retour préparé à l'avance fut le résultat d'une conspiration de mécontents. On voyait à leur tête des hommes qui avaient à rougir du plus grand de tous les crimes politiques, LA MORT DE LEUR ROI !

Depuis long-temps flétris par l'opinion, ils pouvaient tout craindre du retour du frère de Louis XVI : le frère de Louis XVI leur avait

pardonné ; ils en avaient même reçu des retraites honorables. Loin d'être sensibles à cette
magnanimité du souverain, leur hardiesse n'a
fait que s'accroître ; ils ont de nouveau cons-
piré contre leur roi, et les assassins de Louis
XVI ont travaillé à faire descendre Louis XVIII
du trône, pour y placer Napoléon......

Les officiers qui ne recevaient que la demi-
solde voyaient de mauvais œil, un gouvernement qui semblait garantir à la France de
longues années de paix. Ils prétendaient que
toutes les faveurs de la cour, que toutes les
places honorables devaient leur appartenir
exclusivement. Il y a plus : ils ne pardonnèrent
point au Roi d'avoir préféré la prospérité de
l'agriculture, du commerce, des arts et des manufactures, le rétablissement du crédit public,
la tranquillité et le bonheur de la France ; à
ce système de guerres éternelles, qui seules
pouvaient leur assurer un avancement rapide
et les moyens de faire une prompte fortune.
Ils ne considéraient pas que la France payait
des impôts énormes, tant pour acquitter la
dette contractée par Napoléon dans les deux
dernières années de guerre, que pour assurer
le payement de la demi-solde qu'ils allaient
recevoir, quoique leurs services devinssent

inutiles à la France. L'égoïsme et l'intérêt personnel de ces officiers absorbaient toutes leurs affections. Il fut donc facile à Napoléon de les égarer loin du sentier de l'honneur, dans lequel ils avaient si long-temps combattu.

Pour favoriser son retour en France, il devait associer, à cette portion mécontente de l'armée, des militaires en activité et une partie du peuple. Rien ne fut épargné pour y parvenir. On répandit dans les campagnes et dans l'armée les propos les plus outrageants contre le Roi et sa famille. On calomnia le gouvernement; on lui supposa l'intention de détruire la charte; on sema l'inquiétude dans les esprits faibles. Quelques fautes et quelques abus, inséparables de toute espèce de gouvernement, furent relevés avec amertume et d'une manière outrageante pour le roi et pour les Princes. On inventa des faits, ou on les interpréta d'une manière perfide.

Enfin l'on répétait sans cesse : Au peuple, que le Roi avait l'arrière pensée de satisfaire ses vengeances et d'asservir la Nation ; que les princes étaient opposés à la charte et la détruiraient tôt ou tard; que les droits féodaux, les dîmes et les champarts seraient rétablis : Aux militaires, que la famille royale les méprisait, et voulait ravaler leur gloire; que bientôt toutes leurs places seraient données à des hommes qui n'avaient point combattu avec eux; et que les anciens nobles seuls, au mépris de la charte, obtiendraient les titres et les honneurs dûs au mérite et à la bravoure: A tous, que la France était menacée d'une affreuse tyrannie.

C'est ainsi que par des suggestions perfides on minait sourdement, et on cherchait à altérer l'affection des Français pour le meilleur des Rois.

« *Le Roi avait l'arrière pensée de satisfaire* » *ses vengeances et d'asservir la Nation.* » *L'arrière pensée!* Quel plus grand honneur peut-on faire au gouvernement que l'on veut décrier que de se voir réduit à lui supposer des intentions?

Mais encore faudrait-il que ces suppositions reposassent sur des faits.

Satisfaire ses vengeances!... Si le Roi n'eût pas voulu pardonner, il eut puni au moment même de sa rentrée en France. Les puissances étrangères lui eussent prêté leurs bras, sa vengeance alors eût paru légitime. Mais loin de vouloir punir, il a regardé les coupables comme des enfants égarés. Il se devait à lui-

2

même et à la France, d'en éloigner quelques-uns des affaires, et ce fut là toute leur punition. La conduite du Roi en cette circonstance fut celle d'un père, qui prive du plaisir de l'approcher des enfants dénaturés et coupables ; mais qui leur pardonne leurs crimes, en faveur des services qu'ils ont pu rendre à la grande famille.

Asservir la Nation. C'est une vérité incontestable qu'on ne peut asservir une nation que par la force des armes, ou par l'influence des administrateurs et des magistrats : or ni les autorités civiles, composées d'hommes qui s'étaient élevés pendant la révolution, ni l'armée française qui avait combattu loin du Roi, n'auraient contribué à établir un ordre de choses, qu'ils auraient cru si fort opposé à leurs intérêts.

Dira-t-on que le Roi, à l'aide de sa maison, eût opéré ce changement ? La maison du Roi, composée d'anciens officiers de Bonaparte, ou de jeunes gens sans expérience de la guerre, ou de gardes du corps affaiblis par l'âge et les infirmités, aurait-elle pu asservir la France sous les lois d'un roi despote ?

Mais loin de vouloir traiter la France en

pays conquis, Louis XVIII s'empressa de faire la paix pour éloigner les armées étrangères ; et il ne déplaça qu'un petit nombre de fonctionnaires, condamnés déjà par l'opinion à rentrer dans la classe des simples particuliers.

Sera-ce dans la conduite antérieure de Louis XVIII, que l'on trouvera des probabilités aux projets de despotisme qu'on lui suppose ? Louis XVIII fut, dans tous les temps, le partisan des systêmes constitutionnels. Avant même la révolution, il manifesta hautement son opinion à cet égard ; il n'en changea jamais ; mais en même temps il pensait que les droits des rois de France sont imprescriptibles, et qu'il faudrait même consacrer cette opinion, pour la tranquillité et le bonheur du peuple français, si déjà elle ne l'était d'une manière incontestable par 800 ans d'héritage sans aucune dérogation.

« *Les Princes étaient opposés à la charte,* » *et la détruiraient tôt ou tard.* » J'ai entendu souvent répéter cette assertion, et toujours sans preuves. Il en faut cependant, et d'incontestables, quand on se permet de décrier les membres de la famille royale. Mais lors même que cette assertion serait vraie, l'opinion des Princes sur la charte serait, si l'on veut, une erreur : or cette erreur ne peut être un crime aux yeux des Français, puisqu'elle prendrait sa source dans le désir de voir la nation heureuse.

Si d'ailleurs on considère que cette charte, telle que toutes les ordonnances de réformation, est une concession royale qui engage à jamais le Roi et sa famille ; que la chambre des pairs et celle des députés sont les conservateurs de cette charte, et qu'aucun changement, même reconnu indispensable, ne peut y être fait sans l'assentiment des deux chambres ; on est forcé de conclure, non seulement que le Roi a voulu sincérement l'exécution de la charte, mais encore qu'il n'était pas possible aux Princes d'y porter l'atteinte la plus légère.

Ainsi l'opinion qu'on leur a supposée, et la défaveur dont, à cet égard, ils ont été l'objet, sont de pures calomnies imaginées par les ennemis du Roi.

Les droits féodaux seraient rétablis ! Si quelque chose doit surprendre dans cette imputation ridicule, c'est la crédulité des personnes qui ont pu y ajouter foi. Ces anciens droits (1) sont remplacés par ceux d'enregis-

____

(1) L'on peut sur ces questions que notre plan ne

trement, et forment aujourd'hui une des bran-
ches les plus importantes du revenu public. Le
gouvernement ne pourrait y renoncer, sans y
suppléer par d'autres impositions : ce qui exi-
gerait le concours des deux chambres.

Comment pouvait-on supposer que la nation
renoncerait à ce revenu important, pour l'a-
bandonner à des hommes qui n'avaient point
acheté la jouissance des droits féodaux? (Et,
en effet, la plupart des anciennes terres sei-
gneuriales ont changé de propriétaires pendant les 25 années qui viennent de s'écouler.)

Les champarts et les dîmes! Il en est de
même des champarts et des dîmes. Les terres
dégagées de ces charges ont accru de valeur
et ont changé de maîtres. L'on ne pourrait
sans injustice priver les uns du revenu qu'ils
auraient acheté, et faire jouir les autres de
dîmes et de champarts qui ne leur ont jamais
été dus.

Les deux chambres et le Roi lui-même se
seraient donc opposés à tout système, qui aurait eu pour but de rappeler la féodalité.

---

nous permettait pas d'approfondir, consulter un ouvrage aussi savant que bien écrit, intitulé : *de la
Féodalité.*

La famille royale méprisait les militaires !
Je ne sais sur quoi est fondée une semblable
imputation. Il est notoire que les militaires,
qui n'avaient point émigré, occupaient presque toutes les places importantes.

Ne les voyait-on pas à la tête des départe-
ments et de l'armée, au ministère de la guerre,
et dans la chambre des pairs ?

Ces militaires pouvaient-ils prétendre que
le Roi leur réservât exclusivement toutes les
places, tous les honneurs, et n'accordât de
faveurs qu'à eux seuls ? Et le Roi devait-il oublier les services des Français restés auprès de
lui pendant le temps de ses malheurs ?

En montant sur le trône, Louis XVIII a dû
étendre sa bienveillance paternelle sur tous
les Français ; et il aurait été aussi injuste en
donnant exclusivement toutes les places honorables aux officiers de l'armée, que s'il les eût
entièrement privés des récompenses que mé-
ritaient leurs services.

Des injustices particulières, des promo-
tions inconsidérées ont pu avoir lieu ; mais
quel est le gouvernement où il ne se glisse
pas quelques abus ? Il fallait se plaindre des
injustices à la chambre des députés. Les ministres étaient responsables ; et s'ils avaient été

coupables, on les eût renvoyés ou punis. Au reste, lorsque l'on voit un ministre de la guerre sous le Roi, aujourd'hui major - général de l'armée de Napoléon, il est permis de douter que ce ministre ait servi le gouvernement avec fidélité ; et beaucoup de fautes imputées au Roi ne s'expliquent que trop facilement. Autant il est faux que le Roi méprisât les militaires, et voulût ravaler leur gloire ; autant il est incontestable que Napoléon fut le chef secret de tous les mécontens.

Il avait des émissaires dans tous les régimens, dans toutes les parties de l'administration, et même jusques dans les campagnes où résidaient des militaires pensionnés. Il séduisit l'armée en flattant son orgueil : ses agens rappelaient avec enthousiasme, les victoires des soldats français, et répétaient continuellement, qu'on voulait les avilir, et ôter aux braves leurs places, leurs honneurs et leurs pensions. Il inquiéta les propriétaires des biens nationaux, et les habitans des campagnes, en leur faisant redire sans cesse, que le gouvernement avait l'intention de faire restituer les biens d'émigrés et de rétablir le système féodal.

Le mal se croit plus facilement que le bien : aussi l'armée et la partie du peuple la plus

(24)

crédule accueillirent-elles avec avidité tous ces bruits, quoique dénués de fondement.

La France était menacée d'une affreuse tyrannie.

La tyrannie ne peut avoir lieu que par la terreur ou par la force des armes.

Or, pendant un règne de onze mois, Louis XVIII n'a pas exercé une vengeance. Jamais les Français n'ont joui d'une plus grande liberté, et pas un individu n'a été arrêté à cause de ses opinions politiques. Le Roi ne voulait donc pas régner par la terreur.

Le dévouement et l'enthousiasme des troupes fournissent aux conquérants tous les moyens de régner en despotes ; mais en France pouvait-on craindre une *affreuse tyrannie*, quand on voyait sur le trône un prince vertueux, ami des arts et de la paix, qui pour diminuer les impôts réduisait l'armée, et qui par le fait de l'organisation définitive de la Garde Nationale, donnait à tous les citoyens des armes contre le despotisme et la tyrannie ?

Si Louis XVIII a mérité un reproche, ce n'est pas assurément d'avoir été le tyran de la France, mais d'avoir régné avec trop de douceur. Et en effet quelques royalistes aigris par de longs malheurs, ainsi que des partisans de Bonaparte frustrés de leurs espérances, s'étaient répandus en plaintes aussi déplacées qu'indiscrètes. Un gouvernement sévère les eût punis avec rigueur. Mais Louis XVIII voulait fermer les yeux sur les suites inévitables de tant de révolutions. Il attendait du temps le calme des passions, et il ne punit personne. Le Roi se reposant sur la pureté de ses intentions avait espéré que la douceur, la modération et une juste distribution des récompenses et des faveurs, concilieraient tous les esprits et lui gagneraient tous les cœurs. Sans cesse occupé du bonheur des Français, il ne pouvait penser que ses vœux ne fussent pas réalisés.

Une police sévère lui semblait une injure faite à la nation ; et se reposant sur l'affection des Français (affection qui n'était pas douteuse, et qu'ils avaient hautement manifestée en le surnommant *le Désiré*), il ne se figurait pas qu'il pût exister des Français qui conspirassent contre lui.

L'évènement a prouvé que Louis XVIII avait jugé trop favorablement l'ensemble de la nation française : mais s'il eut ce tort de n'avoir pas une police sévère, nous sera-t-il permis de lui faire un crime d'un tort qui prend sa source dans la bonté de son cœur et dans son affection et son estime pour les Français ?

Après avoir démontré l'injustice et la perfidie des reproches que l'on a faits à Louis XVIII et aux Princes de sa famille ; examinons si Napoléon Bonaparte avait des droits à la couronne de France ; rappelons ses promesses, et citons ses actions.

Napoléon avait-il des droits à la couronne de France ? Napoléon, en abdiquant, avait cessé d'être Empereur des Français : il ne pouvait donc exercer aucun droit sur la France.

Le sénat, *spécialement chargé de la conservation des constitutions de l'Empire*, avait prononcé la déchéance de Napoléon Bonaparte, en déclarant qu'il avait violé la constitution, et substitué aux lois des actes arbitraires qui avaient compromis la fortune et la vie des citoyens. « C'est alors que le retour » de Louis XVIII (le désiré de toute la na- » tion) produisit en France un enthousiasme » universel, et que les Bourbons, accueillis » avec une effusion de cœur inexprimable, » furent reçus comme des libérateurs ».

(On ne m'accusera pas d'exagération, car je viens de citer les propres expressions de MM. Carnot et Galand, tous deux détracteurs du gouvernement du Roi.)

Il est donc bien constant que les Français se virent avec transport dégagés de leurs serments envers Napoléon. Donc il n'a pu dire : *Je viens reprendre des droits qui sont les vôtres* (1); puisque la nation ne l'avait point autorisé à venir reprendre aucun droit sur elle, et que, dégagée de ses serments envers lui, elle avait reconnu Louis XVIII ; puisque les administrations et l'armée qui venaient de se lier par un nouveau serment, ne pouvaient y manquer sans trahir l'honneur, et puisque le Roi, la chambre des pairs et celle des députés étaient parfaitement d'accord.

Une faction de mécontents a appelé Napoléon ; mais la France n'avait manifesté aucun vœu et n'avait point été consultée sur le changement de gouvernement. On s'est contenté d'appeler la nation à voter sur l'acte additionnel aux constitutions de l'empire. Or ces constitutions avaient été annullées par le fait de

______

(1) Paroles extraites d'une de ses proclamations.

l'abdication de Napoléon et du règne de Louis XVIII.

Mais, dira-t-on peut-être, des registres ont été ouverts pour recevoir les votes sur l'acte additionnel; le nombre des votes affirmatifs a existé en très-grande majorité, et l'approbation de cet acte a rendu à Napoléon tous les droits auxquels il avait renoncé par son abdication.

Je vais démontrer que ces assertions sont détruites par les faits.

1° L'armée a voté, quoique le droit de délibérer lui fût formellement interdit par l'article 84 de l'acte constitutionnel du 22 frimaire an 8 (1).

2° Les registres ont été déposés chez des individus sans pouvoirs, et particulièrement chez des commissaires de police auxquels la loi ne donnait pas le droit de recevoir des votes.

3° La loi n'accorde pas à tous les Français le droit de citoyen; elle établit des exceptions; et cependant tous les Français sans ex-

____

(1) Cet article est ainsi conçu : « La force publique
» est essentiellement obéissante. Nul corps armé ne
» peut délibérer ».

ception ont été admis à voter en faveur de l'acte additionnel , et même ils ont pu transcrire leurs noms sur différens registres, pour augmenter le nombre des votes affirmatifs.

4° Des ministres et des administrateurs ont menacé de la destitution les employés qui ne voteraient pas en faveur de l'acte additionnel.

5° Enfin un préfet a déclaré qu'il regarderait comme ennemis de l'Etat ceux qui n'émettraient pas leur vœu en faveur de cet acte.

Il est incontestable qu'on n'aurait dû compter ni les votes de l'armée, ni ceux qui ont été inscrits chez des individus non légalement autorisés à les recevoir, ni ceux des employés du Gouvernement, ou des autres citoyens dont l'opinion n'a pas été libre ; et toutefois, malgré ces irrégularités qui frappent de nullité peut-être la moitié des votes affirmatifs, leur nombre n'est environ que de 1,200,000 ; ce qui égale à peine le cinquième des citoyens.

On ne peut révoquer en doute que tous les Bonapartistes auront voté ; ainsi les Français qui n'ont point manifesté leur opinion doivent être considérés comme ayant émis des votes négatifs ; et la minorité des autres, proportionnellement à la population de la France, prouve d'une manière incontestable, que la très-grande majorité de la nation est fidèle aux sermens qu'elle a faits au Roi, et repousse l'acte additionnel proposé par Napoléon.

Mais d'ailleurs le dépouillement des votes est nul et de toute nullité. Il a été fait par quelques électeurs et les députés des départetemens, tandis que la loi conférait au sénat seul le droit de faire ce dépouillement. Si néanmoins l'on prétendait que toutes ces nullités s'évanouiront, lorsque les députés auront fait serment à Napoléon, je demanderais alors si les députés eux-mêmes ont été légalement nommés.

La loi n'autorise pas les colléges à nommer des députés, mais seulement des candidats au corps législatif; et elle ne reconnaît d'élections valables que celles faites par les deux tiers des électeurs. Or ceux-ci, sans avoir égard aux lois, ont nommé des députés, et ces députés n'ont été élus que par le quart, le cinquième ou le sixième des électeurs. Donc les députés n'ont pas été nommés légalement, et dès-lors leur élection est nulle; et en conséquence ils n'ont légalement aucun pouvoir à exercer ni à transmettre au nom de la nation.

Enfin, de quelque manière que l'on envisage la nouvelle élevation de Napoléon, il sera toujours constant que ni lui ni les siens n'ont aucun droit à la couronne de France, et qu'il est l'usurpateur du trône.

Rappelons maintenant les promesses de Napoléon, et citons les actes de son gouvernement.

1° Il a annoncé à ses soldats une paix de vingt ans, et à la France l'alliance de l'Autriche, avec le retour de l'archiduchesse Marie-Louise et de son fils ;

2° Il a assuré qu'il n'y aurait point de réaction au dedans ;

3° Il a solennellement promis que les actes arbitraires ne seraient point substitués aux lois ; il a garanti la conservation de toutes les propriétés, l'égalité des droits, la liberté individuelle, la liberté de la presse et l'abolition de la censure, le vote des contributions et des lois par les représentants légalement élus, etc., etc.

Voyons s'il a rempli ces engagements solennels, et comment ces promesses ont été réalisées.

Il a annoncé à ses soldats une trève de vingt

ans, et à la France l'alliance de l'Autriche avec le retour de l'archiduchesse Marie-Louise et de son fils.

Aussitôt que les Puissances étrangères ont eu connaissance du retour de Napoléon, elles lui ont déclaré la guerre. Les départemens de l'Ouest et du Midi ont refusé de le reconnaître, et se sont armés contre lui et ses adhérents. Ainsi la paix de vingt ans que Napoléon avait promise, se trouve convertie en une guerre étrangère et civile ; son alliance, avec l'Autriche, n'a jamais existé ; et l'archiduchesse et son fils ne sont par revenus (1).

Il a assuré qu'il n'y aurait point de réaction au-dedans.

Et depuis le vingt mars, nous ne voyons autre chose que des réactions.

Treize individus n'ont-ils pas été proscrits et leurs biens séquestrés ? Tous les militaires, administrateurs ou employés, que l'on a supposés attachés au Roi, n'ont-ils pas été déplacés ? Et n'a-t-on pas fait revivre la loi des émigrés, à l'égard de ceux que l'attachement et la reconnaissance avaient retenus près de Louis

____

(1) On a même répandu le bruit que l'archiduchesse avait demandé le divorce.

XVIII et des Princes, pendant tout le temps de leurs malheurs?

Il a solennellement promis que les actes arbitraires ne seraient plus substitués aux lois.

Et cependant depuis son retour toutes les lois sont violées. Nous avons vu Napoléon, de sa seule autorité et sans l'assentiment d'aucun corps législatif, proscrire les ministres et les principaux sujets du Roi, faire mettre le séquestre sur leurs biens, exiler à trente lieues de Paris tous les Français qui avaient fait partie des maisons du Roi et des Princes de sa famille, rétablir la loi sur les émigrés, confisquer au profit de la nation les dotations de la chambre des pairs, et même tous les biens non-aliénés qui avaient été rendus aux anciens propriétaires, en vertu d'une loi émanée du Roi et des deux chambres, changer un mode de contribution agréé par la nation (1), approuver l'im-

---

(1) Par son décret du 8 avril dernier, Napoléon a remplacé les droits de circulation sur les boissons et de consommation sur l'eau-de-vie, ainsi que les exercices des droits réunis, par un nouveau droit d'entrée qui augmente les anciens d'environ 40 pour 100 : et le montant de cette augmentation doit être prélevé de fait sur le produit des octrois.

Si la nation eût été consultée sur ce nouveau mode

position extraordinaire mise à la charge des royalistes de Toulouse, ordonner des réquisitions arbitraires, contraindre des volontaires royaux à servir dans ses armées, annuller les congés des militaires, faire des levées considérables de troupes, remettre en vigueur la loi de la conscription, quoiqu'elle ait été abolie par le Roi et les deux chambres, forcer les gardes nationales de marcher aux frontières, autoriser des fédérations qui menacent la tranquillité publique, et enfin mettre en état de siége, et par conséquent sous la dépendance de l'autorité militaire, des villes qui n'ont à craindre ni blocus, ni sièges, et qui d'ailleurs ne renferment aucun élément de trouble. Cependant, d'après nos constitutions aucune de ces mesures ne devait être exécutée, sans l'assentiment des représentants de la nation.

Napoléon a garanti la conservation de toutes les propriétés.

La charte royale avait supprimé formellement les confiscations, et par cette disposition aussi généreuse que précise, les enfants

---

d'impôt, assurément elle ne l'eût pas approuvé; car il est très-onéreux aux villes qu'il prive d'une partie importante de leurs revenus.

n'étaient point punis des crimes de leurs pères. Certes, c'était là une garantie réelle de la conservation de toutes les propriétés. Cette disposition cependant n'est point conservée par Napoléon, dans son acte additionnel aux anciennes constitutions.

Quant aux propriétaires actuels de biens d'émigrés, la charte leur avait donné toutes les garanties qu'ils retrouvent dans l'acte additionnel, et cette garantie était aussi réelle sous Louis XVIII, que sous Napoléon ; puisque quels que fussent les discours et les écrits des anciens propriétaires ou des journalistes, il ne pouvait être porté atteinte à la charte que par le concours des deux chambres et du Roi, qui s'était lié par une promesse solennelle. Ainsi Louis XVIII avait bien réellement garanti la conservation de toutes les propriétés.

Pourra-t-on dire que cette garantie existait de même sous Napoléon, lorsque sans consulter aucun corps législatif, il a ordonné des séquestres et des confiscations ?

L'égalité des droits.

L'égalité entre toute les classes était consacrée de droit, et existait de fait sous le règne du Roi. Tous les hommes étaient aptes à parvenir à tous les emplois ; et presque tous les individus nommés par Napoléon , avaient conservé leurs commandements dans l'armée, ou leurs places dans les administrations.

L'éducation pouvait mener à tout ; et la naissance , en rappelant les services des pères, cessait d'être un titre suffisant , si elle n'était point accompagnée d'un mérite personnel. Mais depuis le retour de Napoléon , cette égalité a cessé d'exister , soit par l'ordonnance du lieutenant de police de Nantes , qui traite comme suspects les nobles de douze départetemens ; soit par une instruction ministérielle, qui exigeant des électeurs un serment auquel la loi n'obligeait pas, a privé de l'exercice de leurs droits tous les électeurs qui n'ont pas voulu se soumettre à une mesure aussi injuste. Ainsi la France renferme aujourd'hui deux Frances ; celle que représentent les électeurs qui ont fait le serment, et celle que représentent les électeurs qui ne l'ont pas fait.

Donc l'on peut dire avec raison que Napoléon a détruit l'égalité entre les citoyens ; égalité que cependant il avait promise d'une manière solennelle.

La liberté individuelle.

Tous les jours le ministre de la police , le duc de Rovigo et les commandants militaires ,

ravissent la liberté à des citoyens, sans les tra-
duire devant les tribunaux. Et sans revenir sur
l'odieux de l'ordonnance de la police de Nantes, n'a-t-on pas formé des commissions de
haute police chargées d'exiler des citoyens et de
faire revivre l'horrible loi des suspects? Le gouvernement a nécessairement approuvé tous ces
actes arbitraires, ou peut-être même les a-t-il
ordonnés. En effet, n'est-ce pas Napoléon
qui, dès son retour en France, a exilé les maisons du Roi et des Princes, et proscrit les
émigrés non amnistiés et les ministres?

*La liberté de la presse et l'abolition de la
censure.*

Napoléon a déclaré dans les journaux que
la censure était abolie, et qu'à l'avenir
tout Français pourrait faire circuler librement sa pensée; mais en même temps des
rédacteurs en chef ont été donnés à tous les
journaux, les anciennes lois sur la librairie
ont été remises en vigueur, et l'exécution en
a été confiée au ministre de la police. Ainsi
donc tous les journaux sont soumis à la censure de leurs rédacteurs en chef, et personne
n'a le droit de faire rien imprimer sans le
consentement du ministre de la police.

Les actes arbitraires et les arrestations semant la terreur, on n'ose point écrire ; ou si quelques âmes fortes et courageuses s'élèvent encore au - dessus de la crainte, elles sont tourmentées et vexées par les autorités. C'est ainsi que le journal *le Censeur* a été saisi, et les rédacteurs menacés d'être jetés en prison et mis en jugement ; que *le Censeur des censeurs* a été également saisi et le distributeur arrêté, et que, pour avoir émis une opinion contraire à l'acte additionnel, des citoyens ont été long-temps recherchés.

Mais pourquoi réunir tant de faits et de réflexions ? Napoléon n'a-t-il pas consommé, par un seul acte, la violation de tous nos droits, lorsque, par la plus tyrannique comme par la plus absurde prévoyance, il a interdit aux Français de manifester leur vœu pour le retour des Bourbons ?

Le vote des contributions et des lois par les représentans légalement élus.

On peut se rappeler toutes les taxes arbitraires de Napoléon ; et cependant, depuis le 20 mars, les représentants de la nation n'ont pas encore été réunis. Or Napoléon a doublement manqué à sa promesse ; car, non-seulement ses décrets financiers n'ont été approuvés par aucun corps législatif ; mais bien plus Napoléon n'a point voulu de députés légalement élus. Il connaissait l'esprit des provinces; il ne pouvait douter que leurs véritables représentants déclareraient à la face de l'univers que la France ne reconnaît que Louis XVIII pour souverain légitime.

Il voulut éviter cette déclaration, et avoir cependant une espèce de représentation nationale; et c'est pour parvenir à ce double but qu'il rendit un décret pour faire entrer dans chaque collége un nombre considérable de légionnaires, officiers de l'armée, et qu'ensuite il fit envoyer aux colléges une instruction ministérielle qui ordonnait aux électeurs de faire le serment, et de nommer des députés, quel que fût le nombre des votans.

Napoléon était bien certain que les royalistes ne se soumettraient point à l'instruction ministérielle; qu'ainsi ses partisans et les administrateurs ou les magistrats, qui déjà lui avaient prêté serment, seraient les seuls qui voteraient dans les assemblées électorales. Les désirs de Napoléon ont été réalisés : des députés ont été nommés, mais par la très-grande minorité des électeurs : et cependant ces députés *illégalement élus*, sont appelés à sanctionner les actes arbitraires de Napoléon.

Ainsi donc Bonaparte n'a point tenu les promesses qu'il a faites à la France : de même si l'on compare ses discours avec ses actions, on les vrera presque toujours en opposition.

N'a-t-il pas dit dans ses proclamations : *Je ne vis que pour l'honneur et le bonheur de la France ?* N'a-t-il pas reconnu ce principe invoqué par son conseil d'état : *La souveraineté réside dans le peuple : le peuple est la seule source légitime du pouvoir ?*

Je ne vis que pour l'honneur et le bonheur de la France ?

N'était-ce point au contraire sacrifier l'honneur de la France, que de l'entraîner dans les guerres d'Espagne ? Pouvait-il y avoir de l'honneur à trahir des souverains, ses alliés, à les attirer sur le territoire français, en leur offrant d'être le médiateur de leurs différens de famille, pour les faire ensuite prisonniers, et les forcer d'abdiquer en faveur de Joseph Bonaparte ? Quel honneur la France pouvait-elle retirer de cette perfidie ? Et cependant Napoléon a prétendu s'en faire un titre de gloire.

Lorsqu'ensuite une invasion étrangère força la France à desirer la paix, Napoléon n'a-t-il pas constamment refusé de traiter avec les Puissances ; parce que, suivant lui, les conditions qu'on lui offrait n'étaient point honorables ; et aujourd'hui il déclare qu'il approuve ces mêmes traités qu'il n'eût pas consentis. L'honneur de la France est donc un vain mot dans la bouche de Napoléon. Autrement pourrions-nous comprendre que ce qui n'était point honorable, le 15 mars 1814, ait pu l'être en 1815 ; qu'une paix qui (suivant Napoléon), ne pouvait faire le bonheur de la France en 1814, dût l'assurer l'année suivante ? Ainsi donc Napoléon n'a rien fait pour l'*honneur* de la nation.

Que ceux qui me lisent devinent, s'ils le peuvent, ce qu'il a fait pour notre *bonheur !*

La souveraineté réside dans le peuple ; le peuple est la seule source légitime du pouvoir.

Si Napoléon avait voulu que ses actions fussent d'accord avec ses paroles, la nation eût été franchement et librement consultée sur le choix de son souverain. La France ne pouvait manifester son vœu *avec liberté* par des signatures qui deviennent des listes de proscription ; mais elle l'eût fait par des boules blanches ou noires, dans des assemblées où tous les citoyens, ayant droit de voter, eussent été convoqués. L'on aurait su alors le nombre, les noms et les qualités des votans ; mais on eût ignoré leur opinion pour ou contre Napoléon. Enfin, les administrateurs et les employés salariés par le Gouvernement n'eussent pas été placés dans l'alternative de perdre leurs places ou de voter contre leur conscience. Ainsi, en reconnaissant le peuple comme la source légitime du pouvoir, Napoléon avait l'intention d'usurper la souveraineté, et il ne l'attribuait au peuple que pour mieux le tromper et l'asservir.

Terminons ces réflexions en rappelant et comparant en peu de mots le règne de Louis XVIII à la dictature de Napoléon.

A peine Louis XVIII était-il sur le trône, que par ses soins et à sa considération la France se vit en paix avec toute l'Europe, et 200,000 Français recouvrèrent la liberté. Pas une seule vengeance n'a été exercée pendant onze mois. L'ordre dans les finances a été rétabli : le crédit public s'est relevé : le payement de la dette contractée par Napoléon a été assuré : enfin l'industrie agricole, manufacturière et maritime, a retrouvé des débouchés. Les hommes enlevés aux arts utiles, leur ont été rendus. L'armée fut réorganisée : ses chefs occupèrent les premières places de l'Etat ; et la très-grande partie des fonctionnaires conservèrent leurs emplois , quelle que fût l'opinion qu'ils eussent émise depuis vingt-cinq ans. Les régicides seuls furent écartés des affaires ; mais ils obtenaient des retraites honorables et des pensions. Enfin une charte royale donna à la nation toutes les garanties qu'elle avait désirées : et le concours du Roi et des deux Chambres , pouvait seul donner lieu à quelque modification de cette charte , devenue le faisceau sacré auquel tous les Français devaient se rallier.

Tels sont les faits mémorables que la postérité recueillera , et qui commandent à jamais la reconnaissance et la fidélité des Francais.

Pendant que le Roi fort de sa conscience et de ses intentions paternelles , se persuade que la douceur et la modération éteindront tous les ressentiments , et que les Français dont il veut faire le bonheur , ne voient en lui qu'un père ; Napoléon répand ses agents dans l'armée et dans toutes les parties de l'administration. Des fautes qui n'intéressent que quelques particuliers , et qui eussent été punies sous un gouvernement sévère , sont relevées avec amertume , et sont présentées comme des crimes ou des atteintes manifestes à la charte. La conspiration se forme, se noue , éclate ; et bientôt Napoléon entouré de ses adhérens , et de Français qui trahissaient l'honneur , arrive dans la capitale.

Le miel est dans sa bouche , le fiel est dans son cœur. Il flagorne le peuple et l'armée : il compte pour rien la Nation française.

Il annonce un traité d'alliance avec l'Autriche et une paix de vingt ans ; et au contraire il apporte la guerre civile et étrangère. Il feint d'oublier qu'il a abdiqué , et que la Nation est liée à Louis XVIII par la foi du serment. Il avait promis d'ignorer tout ce qui avait été fait , écrit ou dit depuis la prise de Paris ; et il proscrit ou il exile tous les Français qui lui donnent de l'ombrage. Il change toutes les autorités , ou il déplace les fonctionnaires publics. Enfin il ose dire : *La cause de la Nation triomphera encore* (1) ; quand il ne s'agit que de sa faction , que la grande majorité des Français repousse et méconnaît. A l'entendre , les Bourbons voulaient avilir les

---

(1) Expressions extraites d'une de ses proclamations.

militaires, et lui par ses suggestions perfides, il fait perdre l'honneur à des officiers dont jusque là nous admirions la gloire et les hauts faits.

L'égalité qui avait lieu sous Louis XVIII, a cessé d'exister sous Napoléon ; et tandis que les nobles sont regardés comme suspects, et que la majorité des électeurs est privée de ses droits politiques, il arme les ouvriers et les gens sans aveu, que lui-même avait désarmés en d'autres temps.

Sous le règne du roi, la liberté de la presse existait presque entièrement ; aujourd'hui cette liberté n'est plus qu'un vain mot. Aussi Napoléon répand-il impunément les nouvelles les plus fausses, les raisonnements les plus absurdes et les diatribes les plus injustes, en les faisant imprimer dans des journaux, dont le texte varie suivant les lieux où ils doivent être envoyés.

Napoléon a prétendu que le roi avait eu l'intention d'asservir la nation sous un joug tyrannique ; cependant les lois n'ont jamais été violées par Louis XVIII, et il a toujours respecté la liberté individuelle et le droit de la propriété. Qu'a fait Napoléon depuis son retour ? Il a employé successivement la pros-

cription, l'exil, le séquestre et la confisca-
tion. Partout sa volonté a été substituée aux
lois. Par ses ordres les personnes ni les propriétés ne sont plus respectées. On arrête les
individus, arbitrairement, et on ne les traduit
pas devant les tribunaux. On contraint arbitrairement les Français à prendre les armes
contre les puissances étrangères, qui, rem-
plissant leurs engagements envers la nation et
Louis XVIII, apportent du secours à la
France, opprimée par Napoléon. On désigne
arbitrairement ceux que l'on veut envoyer à
l'armée. On fait arbitrairement des réquisitions de toute espèce. On répand la crainte
partout. L'armée dit hautement que les royalistes sont ses ennemis, et qu'elle les traitera
comme tels. Cependant ces royalistes, qui
forment la grande majorité des Français, ce
sont des citoyens paisibles, des propriétaires
ou des hommes industrieux, dont l'aisance et
les travaux servent à payer, nourrir et vêtir
l'armée. Au moment même où Napoléon
*proclame la souveraineté comme la source
légitime du pouvoir*, il usurpe la souveraineté. Il défend au peuple de rappeler les
Bourbons, même dans le cas où la dynastie
impériale viendrait à s'éteindre. Il appelle les

Français à voter, non en hommes libres, mais en esclaves. Il menace ceux qui résistent à ses ordres ; et quel que soit le résultat des votes, il déclare à l'avance qu'il sera de nouveau proclamé Empereur dans l'assemblée du champ de mai. Il s'empare de tous les pouvoirs. Il dispose seul de nos vies et de nos fortunes. Il change de sa seule autorité les systêmes d'impositions consentis par la nation. Enfin, n'ayant d'autre but que de consolider son injuste usurpation, il entraîne la France dans une guerre affreuse, et dans des dépenses énormes qui vont l'accabler ; ensuite il fera confirmer tous ces actes arbitraires par des hommes qui ne sont point les députés de la France, puisque leur élection est illégale et absolument nulle.

Voilà cependant le gouvernement de Napoléon. Trouvons-nous donc dans ce gouvernement la liberté, la gloire et le bonheur qui nous étaient promis ? Devons-nous lui sacrifier nos fortunes, notre existence et celle de nos enfants ?

Je fais cette demande à la France entière.... qu'elle réponde...

Que m'importe de voir sur le papier des garanties de ma liberté et de mon indépendance, lorsque le souverain est despote, et que même, avant d'être reconnu par la nation, il a violé ma liberté et mon indépendance!

En résumé, les Bourbons nous ont apporté la liberté, la paix et le bonheur. Bonaparte, en nous les ravissant, les a remplacés par le despotisme, la guerre civile et la guerre étrangère. Quel Français, ami de son pays, pourrait donc ne pas rappeler de ses vœux Louis XVIII, Louis-le-Désiré?

FIN.